# জলেভাসা শব্দমালা

*সম্পাদনা*

শামীম আজাদ

রুমানা ইয়াসমিন

*অলংকরণ*

রিফাত সুলতানা তাহের

BOK BOK BOOKS

**বক বক বুকস লিমিটেড**

প্রথম প্রকাশ: যুক্তরাজ্য ২০২১
বক বক বুকস লিমিটেড



এই বইয়ের সিআইপি ক্যাটালগ রেকর্ড ব্রিটিশ লাইব্রেরিতে পাওয়া যাবে।
বই ডিজাইন - ফারাহ খন্দকার

ISBN 978-1-9161084-2-4

www.bokbokbooks.co.uk

# সূচীপত্র

# পূর্বকথন

আমার আদি মাতৃভূমি থেকে সাত সমুদ্র দূরে একজন বাংলাদেশী-ব্রিটিশ হিসেবে বর্তমান কাব্যসঞ্চয়ণ প্রকল্পটির প্রতি আমি প্রথম থেকেই আকৃষ্ট হয়েছি। আমি জানতাম যে, কবিতার মাধ্যমে অনাবাসী বাঙ্গালীদের বিবিধ কন্ঠস্বরকে একত্রিত করার এই উদ্যোগের প্রতি একজন কবি ও শব্দপ্রেমী হিসেবে আমার একটি গভীর ও ব্যক্তিগত অঙ্গীকার থাকবে। যাঁরাই এই বইয়ের সঙ্গে সম্পৃক্ত, তাঁদের সবাই এই উদ্যোগের সঙ্গে একটি একাত্মতা বোধ করেছেন। এবং বাংলাদেশের বেশ ক'জন প্রখ্যাত কবি এ বইয়ের জন্যে কবিতা লিখে তাঁদের সমর্থন জ্ঞাপন করেছেন।

বর্তমান কাব্যসঞ্চয়ণটির বিষয়বস্তু নি:সন্দেহে কৌতুহলউদ্দীপক। যে কোন বাঙ্গালীই বলবে যে জলের সঙ্গে তাদের একটি জটিল সম্পর্ক আছে। আমরা একদিকে যেমন বহু বন্যার ধ্বংসযজ্ঞের মধ্যে নিজেদের অস্তিত্ব টিঁকিয়ে রেখেছি, তেমনি অন্যদিকে মৌসুমীবৃষ্টির মিষ্টত্ব উপভোগ করেছি। কিন্তু কি করে এই সম্পর্কের জটিলতাকে নানান ভাবে নিরীক্ষণ করে তার স্বরূপকে উণ্মোচন করা যায়?

সে উদ্দেশ্যে বিশ্বের নানান জায়গা থেকে অনাবাসী বাঙ্গালীদের আমন্ত্রণ জানিয়ে আমরা আন্ত:র্যোগ-ভিত্তিক একটি কাব্য-কর্মশালার আয়োজন করেছিলাম। বক বক বুকস এর পরীক্ষামূলক কর্মশালা পদ্ধতি প্রথমবার ব্যবহার করার অভূত আনন্দ আমি পেয়েছি। এর পরিপ্রেক্ষিতে আমরা কর্মশালার কর্মকান্ডকে দু'টো ভাগে উপস্থাপন করেছি - একটি অসমলয় অধিবেশন এবং তারপর আন্ত:র্যোগের মাধ্যমে একটি তাৎক্ষণিক কর্মশালা। অসমলয় অধিবেশনে আমরা যা করেছি, তা হচ্ছে তাৎক্ষণিক অধিবেশনের এক সপ্তাহ আগেই আমরা আন্ত:র্যোগের দেয়ালে একটি সূত্র সেঁটে দিয়েছি। এর উদ্দেশ্য ছিল প্রস্তাবিত কাব্যসঞ্চয়ণের বিষয়বস্তুর পরিপ্রেক্ষিতে সাড়া দানে মানুষকে উৎসাহিত করা। বিশ্বের নানান অংশ থেকে আমরা সাড়া পেয়েছি। এর পরে কর্মশালার অংশগ্রহনকারীবৃন্দ চূড়ান্ত তাৎক্ষণিক অধিবেশনের জন্যে একত্রিত হয়েছেন। সে অধিবেশনে আন্ত:র্যোগে সাঁটা সাড়াগুলো আমি পাঠ করেছি এবং সেই সঙ্গে আরো সূত্র যোগ করেছি যার ফলশ্রুতি আরো সুনন্দ শব্দ, যা আপনারা এই বইয়ে পাবেন।

আমাদের শব্দসমূহ কেন গুরুত্বপূর্ণ? পৃথিবীর যে সব স্থান আমাদের আদি বাসভূমি, সেগুলোর জলের তলায় বিলুপ্ত হওয়ার আশংকা রয়েছে। সেই পরিপ্রেক্ষিতে, বর্তমান বইটি একটি কার্যকরনের আহবান। 'জলেভাসা শব্দমালা' জলবায়ু পরিবর্তন সম্পর্কে যুক্তরাজ্যের বিদ্যালয়গুলোর প্রথম ও দ্বিতীয় শ্রেণীর শিক্ষার্থীদের সচেতনা বৃদ্ধিতে একটি অমূল্য উৎস হিসেবে কাজ করতে পারে।

ভাষা যাতে আমাদের বক্তব্যের অন্তরায় না হয়ে দাঁড়ায়, তা আমরা নিশ্চিত করেছি। ভাষান্তর তাই একটি গুরুত্বপূর্ণ ভূমিকা পালন করেছে - বাংলা লেখাগুলো ইংরেজীতে এবং ইংরেজী লেখাগুলো বাংলায় অনূদিত হয়েছে। এর ফলে বর্তমান কাব্যসঞ্চয়নের দু'টো সংস্করণ আছে - ইংরেজীতে 'Floating Words' এবং বাংলায় 'জলেভাসা শব্দমালা'।

এ বইয়ে কবিতা দেয়ার জন্যে বাংলাদেশের স্বনামধন্য ও পুরস্কার-বিজয়ী কবিদের আমি বিশেষ ধন্যবাদ জানাচ্ছি।

বিশ্বের বর্তমান দু:সময়ে, যখন আমাদের বন্ধু-বান্ধবসহ বহু মানুষকে আমরা হারিয়েছি, তখন রুমানা ইয়াসমিনের সঙ্গে কাজ করা ছিল আমার এক বিরাট আশ্রয়। তিনি অতুলনীয় এবং এই বইয়ের জন্যে তাঁর নিবিড় আন্তরিকতা আমাকে মুগ্ধ করেছে। ধন্যবাদ, রুমানা।

যুক্তরাজ্যের আর্টস কাউন্সিলের সহায়তা ভিন্ন এই প্রকল্প সম্ভব হোত না। এই কাব্যসঞ্চয়নটি সম্ভব করার জন্যে আমি আর্টস কাউন্সিলকে ধন্যবাদ জানাচ্ছি।

শামীম আজাদ<br>
২৪.২.২১<br>
লন্ডন

*পরিবেশ ন্যায্যতার জন্যে লড়ছেন যাঁরা*

*- শামীম আজাদ*

*মিকাইল, সোফিয়া এবং আমেলিয়ার উদ্দেশ্যে*

*- রিফাত সুলতানা তাহের*

## প্রিয় মাধবকুণ্ড

*দিলারা হাফিজ*

ঝর্ণা নামে পাহাড় বেয়ে পাথর ছুঁয়ে ছুঁয়ে
উৎসমূলের স্বচ্ছ জল, ঝরছে নুয়ে নুয়ে
মাধবকুণ্ডের ঝর্ণা দারুণ চলে এঁকেবেঁকে,
মন যে আমার নৃত্য করে জলের নাচন দেখে
মায়াময় সেই জলের ধারা, দেখবে যদি এসো
সবুজ শ্যামল বাংলাদেশে একটু এসে বসো।
মরমিয়া এক শহর আছে সিলেট যে তার নাম
বুকের মাঝে রিনিঝিনি বইছে অবিরাম।

## অপুর নানুবাড়ি

*সালমা হাসান*

ঝিকঝিক ঝিকঝিক ট্রেন চলছে,
অপু যাচ্ছে নানুর বাড়ি,
নানুর বাড়ি শ্রীমঙ্গল,
পাহাড়ি ঝর্ণায় জল টলমল।
অপু ভালবাসে পাহাড়ের গান
আর ঝর্ণার মিষ্টি কলতান।
বাবার কাঁধে চড়ে চড়ে
আকাশ পানে চেয়ে ভাবে,
'কোথা থেকে এসেছে ঝর্ণা
তবে আকাশ কি তার মা?'
পাহাড় সবুজ ভালবেসে,
আকাশ-মাটি ঝর্ণা হাসে।
অপু করবে ঝর্ণা স্নান,
গায়ে মাখবে মাটির ঘ্রাণ।

# বক বাক

*অপু ইসলাম*

ঝাঁকে ঝাঁকে মাছেরা চলে
হাওর বিলের জলে,
বকেরা সব ওৎ পেতে রয়
এই বুঝি ভোজ মিলে।

ব্যাঙেরা ডাকে ঘ্যাঙর ঘ্যাঙ
লাফিয়ে চলে জলে,
আর ট্যাংরা মাছ গিলতে গিয়ে
আটকে গেল গলে।

বক বলে ব্যাঙ পেটটা তোমার
জলে ভরে ফেলো,
জলের চাপে ট্যাংরা বেটা
প্রাণটা ফিরে পেলো।

'ধন্যবাদ' বলতে মাছ
বকের কাছে গেলে,
তাহার তখন জিভটা ভরা
আহার লোভের জলে।।

# জলের গান

*লুৎফর রহমান রিটন*

এই পৃথিবীর প্রাণ-প্রকৃতি বাঁচায় সে তো জল
জীবন জুড়েই তাই বহমান জলের কোলাহল।
জলের জন্যে গাছ বাঁচে আর মাছ বাঁচে আর প্রাণ...
শিল্পী কবি বিজ্ঞানী গায় জলেরই জয়গান।
টিনের চালে জল তরঙ্গ বৃষ্টি যখন পড়ে
জলের নিবাস মেঘ-পাহাড়ের ঊর্মিমালার ঘরে।

জল আছে তাই বৃক্ষ-পাখি - ফুলের মুখে হাসি
বাংলা মায়ের কষ্টে আমরা নয়নজলে ভাসি...

# তিস্তাতীরের মেয়ে

*মুহম্মদ নূরুল হুদা*

তিস্তাতীরের মেয়ে আমি তিস্তাতীরের মেয়ে
বুকে আমার দাঁড় বেয়ে যায় গহীন গাঙের নেয়ে।
আমার চরে নীড় বেঁধেছে হাজার পাখপাখালি,
শস্যদানা জোগায় তাদের চরের সোনাবালি।
সকাল বিকাল জলজোছনায় চাঁদসুরুজের গল্প
ছয় ঋতুতে জলতরঙ্গে তারার রূপকল্প।
উড়ছি আমি অষ্টপ্রহর ধানশালিকের ডানায়,
জলে ভাসা স্বপ্ন আমার পূর্ণ কানায় কানায়।

# নদী

*আনজীর লিটন*

সেতুটাকে বুকে রেখে ঘুমায় নদীর জল
সেতুর বুকে চলছে গাড়ি, মাঝি ছলোছল!

ও মাঝি তোর গান কই?
বৈঠা ঠেলার টান কই?
গভীর স্রোতে বয়ে চলা এই নদীটার প্রাণ কই?

জলবায়ু বদলে দিল, প্রকৃতি-রূপ তাই
বলল মাঝি, ঢেউ হারিয়ে নদীর সে রূপ নাই
তাইতো আমার গান থেমেছে
নদীর বুকে প্রাণ থেমেছে
শুকনো চরে বসে নদীর কান্না শুনতে পাই।

# বৃষ্টির ডাক

*লুনা রাহনুমা*

কইরে মিনু, কইরে বিনু
আয়রে দলে দলে -
গরম দিনে মেঘ ডেকেছে
এই নামলো বলে।

পাগলা বাতাস লাগাম খুলে
ছুট দিয়েছে খুব -
আমের ডালের মুকুলগুলো
ভয়েই হয় বেঁহুশ।

বৃষ্টিফোঁটা গান ধরেছে
বাজছে যেন ঝুমুর -
ওরে রিয়া, ওরে টিয়া
কোথায় তোদের নূপুর?

মাঠের কোলে বৃষ্টিজলে
কাদামাখা ঘাস -
ব্যাঙগুলো সব ঘ্যাঙর ঘ্যাঙর
সুর তুলেছে আজ।

আকাশ ভাঙা ঝর্ণাজলে
খুশির অবগাহন -
কদম ফুলের পাপড়িগুলো
জানায় অভিবাদন।

জলের ছোঁয়ায় হাসছে মাটি
হাসছে শিশু রতন -
মায়ের মুখেও হাসি ফোটে
মুক্তোমালার মতন।

পেঁজা তুলোর মেঘগুলো সব
মুখ ঢেকেছে, আড়ি -
সারাদিনের বৃষ্টিগাঁথা শেষ হবে না
আর যাবে না বাড়ি!

# ঝড়

*জেসমিন আরা*

কালবৈশাখী ঝড়ের সাথে ঝমঝমিয়ে বৃষ্টি,
টিনের চালে ঝড়ের মাতন একি অনাসৃষ্টি!
বাড়ির উঠান, আমের বাগান ভরলো বৃষ্টিজলে,
মনের সুখে ছেলেগুলো খেলছে মাঠের জলে।
মাঝপুকুরে জলের দোলা, জাগায় তাতে কাঁপন,
আনন্দেতে খলবলিয়ে চলে মাছের নাচন।
গাছের পাতায় নাচন জাগায় শীতল জলের বারি,
পাতারা সুখে শনশনিয়ে গাইছে সাধের জারী।
নেয়ে উঠলো বন-বনানী, গাছ-গাছালি, ঝর্না এঁকেবেঁকে,
বর্ষা শেষে রাঙিয়ে দিতে রংধনুটি এলো কোথা থেকে?

## জলের গান

*ফারজানা ইসলাম ভূঁইয়া*

তা তা ধিন ধিন
তা তা ধিন ধিন
জলের অবস্থা তিন
তরল, বাষ্প ও কঠিন!

টলমল ঝলমল করে জল,
জল ছাড়া এ ধরা অচল।

ঘড়ি করে টিক টিক
জোয়ার-ভাঁটায় সময় ঠিক।

জলের বিকল্প শুধুই জলে,
এ কথা যেন না যাই ভুলে।

# দুষ্টুমি আর নয়!

*আনিকা ওয়ারদা তুবা*

এক যে ছিল বিলাল নামের দুষ্টু বালক ভারি
সুযোগ পেলেই জল ছিটিয়ে ভাসাতো ঘরবাড়ি!
জগের পানি উল্টে দিয়ে ভাবত এটাই খেলা,
দু হাত ধুয়ে কলটা খুলে রাখত সারাবেলা।

মা বোঝালো অনেক তাকে আর কোরো না মজা
এমনি করে ফেললে পানি দেব তোমায় সাজা,
কত শিশু পায় না পানি, তেষ্টা পেয়ে কাঁদে
কলের কাছে আর যাবে না দরকারি কাজ বাদে।

হঠাৎ সেদিন আর পানি নেই সকাল থেকে রাত
খেলতে গিয়ে দুষ্টু বিলাল মাথায় দিলো হাত!
মা বললো জল না পেলে লাগবে বলো কেমন?
এবার বিলাল কান ধরেছে আর হবে না এমন।

কাজের পরে খেয়াল করে লাগিয়ে দেবে কল
শুধু শুধু ফেলবে না আর এত্ত দামি জল!
মাকে বিলাল কথা দিলো দুষ্টুমি আর নয়
আর কখনো করবে না সে পানির অপচয়।

# জল কিংবা পানি

*লিপি হালদার*

রাম ও রহিম বন্ধু ওরা
সাঁতরে বেড়ায় পুকুর নদে,
সুর্য্য যখন মাথার পরে

পানকৌড়ি-বকপক্ষী,
হাঁস আর মাছের সাথে সাথে
জলকেলিতে উঠছে মেতে
ছপাৎ ছপাৎ ছলছলিয়ে

হাপুস হুপুস গোসল সেরে
রহিম বলে তীরে উঠে,
পানি পানি পানি দে রাম
রাম দৌড়ে জলের খোঁজে

আনলি পানি? রহিম জিগায়
রামের জলে প্রানটি জুড়ায়

বন্ধুর গলায় হাতটি দিয়ে
ভাবতে ভাবতে বলে সে যে,
আচ্ছা রাম বল তো দেখি
কি ভাবে জল হয়েছে পানি?

# ছেলেটি

*রায় মঞ্জু*

ছলাৎ ছলাৎ শব্দ ওঠে, নাও এর দু'পাশ জুড়ে
বৈঠা ওঠে, বৈঠা পড়ে, নাওটি বয় ধীরে,
নাও এর মাঝি জাল ফেলেছে, ঘোলা নদীর বুকে,
নীলরঙা ওই মাছরাঙ্গাটি বসে গাছের ডালে -
ঝপাস করে পানকৌড়ি জলেতে ডুব মারে,
ছিটকে গিয়ে মাছটি তখন পড়ে নদীর পারে
ছেলেটি ছিল ঘাপটি মেরে মাছটি খাবার তরে
তার মনেতে গন্ধ ভাসে নদীর বাতাস ধরে।
কাঁচালঙ্কা, ধনেপাতা, সর্ষেবাটার ঝোল,
গরম ভাতের সঙ্গে মেশা মায়ের মধুর বোল।
হঠাৎ করে ঝমঝমিয়ে বৃষ্টি নেমে এলে
ছোঁ মেরে সে মাছটি নিয়ে ঘরের পানে চলে।

## মধুবৃষ্টি

*মিলটন রহমান*

ব্যাঙের ডাকে বৃষ্টি নামে
বাঁধনহারা
জল টুপটুপ পুকুর পাড়ে
আত্মহারা
পাখিরা সব পাতার ফাঁকে
লুকিয়ে থাকে
বৃষ্টি তো নয় যেনো সেথায়
মিষ্টি রাখে!
মিষ্টি নয় তো কি বলি আর
ঝুমুর তালে
মৌচাক ভেঙে মধুরা সব
আমার গালে!

## জলই জীবন

*উদয় শংকর দুর্জয়*

জলই জীবন জলের বুকেই থাকে মানুষের প্রাণ
জলের ভেতর শোনা যায় নতুন সূর্যোদয়ের গান
জলের মধ্যে দেখা যায় ছবি অবিকল
বৃষ্টিজলে ভাসাও নৌকো, খেল ফুটবল
জলে ফোটে ফুটফুটে রঙিন জলপদ্ম
সে জলেই শোনা যায় অবিরাম বৃষ্টির শব্দ
জলই জীবন, জলই সবচেয়ে আপন
চোখের কোনে জল গড়ালে মা-কে লাগে তখন।

# আঁকাবাঁকা নদী

*ফারাহ্ নাজ*

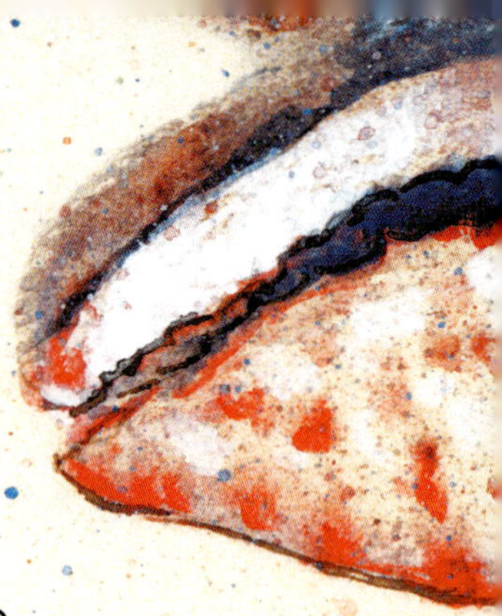

তুষারময় পাহাড়চূড়া থেকে
ফিতের মতো এক জলধারা
মুক্ত ঝর্ণা হয়ে পাথর পেরিয়ে
সাপের মতো এঁকেবেঁকে,
ঘুরিয়ে, পেঁচিয়ে, নেচে নেচে
সবুজ শ্যামল পাহাড় গড়িয়ে
বিশাল নীল সাগরের সঙ্গে মিলবে বলে...
সে নদী!

যাযাবর সে নদী, মুক্ত ও সুখী
সে আসলেই প্রকৃতির দান
চল তাকে দেই সেই সম্মান
আমাদেরে দেয় খাবার, করি তার জল পান।

যেখানেই সে বয়ে যায় গায় জীবনের জয়গান।

# বোধোদয়

*হুমায়রা আলি*

সাগর পারে আমাদের বাড়ি ছিলো
চারপাশ ঘিরে নারকেল গাছ ছিলো।

বাবা গহীন সাগরের বুকে মাছ ধরতো
মা লোনাজল শুকিয়ে নুনের স্তুপ জমাতো।

আমরা দু'বোন ঢেউয়ের বুকে খেলতাম
ঝিনুক কুড়িয়ে সাঁঝে ফিরে আসতাম।

একদিন ঝকঝকে একদল মানুষ এলো,
বালুকাবেলা গুঁড়িয়ে তারা ইমারত গড়লো।

তাতে মরা মাছ আর ঝিনুক ফসিল ভাসলো
আর সাগরের ক্ষুব্ধ কান্না শুধু শোনা গেলো।

তারপর ভয়ঙ্কর অন্ধকার এক রাত এলো
ক্ষুব্ধ সাগর ইমারতের পর আছড়ে পড়লো।

ঘরহীন মানবের সব স্বপ্ন সাধ ভেসে গেলো
ভাবি তবু কি তাদের কোন বোধদয় হলো?

# সকালের নদী

*শ্বেতা রায়*

নীচে বয়ে যাওয়া গঙ্গার জল
ভোরের আলোতে কর টলমল।
তরঙ্গবিহীন সে তরল যেন
শান্ত গহীন জলরাশি হেন।

হেঁটে ক্লেদাক্ত পাড়ের ধারে
বসলুম আমি পাথরের পর।
'গন্তব্য কোথায়', মাঝি চিৎকারে
যাবে বলে তারা লিফ্লেট নাড়ে।

অপেক্ষায় থেকে আমি তাকাই দু'ধারে
যতক্ষণ না মা ডাকছেন আমারে
'ঐ যে শুশুক, নদীর এই দিকে।'
আমি দেখি তারে প্রবল কৌতুকে।

দেশ-স্মৃতিগুলো তাজা হয়ে ভাসে
মাঝে মধ্যেই এই দূর পরবাসে।
মনে মনে হাসি ভেবে বার বার
সকালের নদীর সেই কারবার।

# গঙ্গাস্নান

*স্নিগ্ধা বোস*

কলাপাতার দীপগুলি জলে ভাসছে
মাথাগুলি এক এক করে ভেসে উঠছে

পবিত্র ডুবকি থেকে ঝরঝরে ও পরিষ্কার হতে
সব দুঃশ্চিন্তা ও দুষ্কর্মের কথা ঝেড়ে
তারা ডুব দিয়ে উঠছে পবিত্র গঙ্গায়।

সিক্ত কাপড় আটকে যাচ্ছে, ভেজা চুল থেকে মুখে জল ঝরছে
ঠাণ্ডায় কাঁপতে কাঁপতে ওরা নিজেরই
দু-হাত ভাঁজ করে জড়িয়ে ধরছে নিজেকেই।

কিন্তু আমি ছিলাম লাজুক, কমবয়সী এক দর্শক কেবল
আমার তো সবার সঙ্গে এভাবে জলে নেমে স্নান করার কোন অর্থ হয় না।
তাছাড়া স্নান তো করেইছি মাত্র, মাত্র গতকাল!
'আজ বড্ড বেশী শীত, আমি না হয় স্নান করবো অন্য কোন দিন।'

# জলের গান শুনি

*জিনাত ওয়ালী*

জলের গানে কি কান পেতেছিস?
কখনো কুলুকুলু, কখনো বা ফিসফিস।

কখনো সে নূপুর হয়ে বাজে ঝুমুর ঝুমুর,
পদ্মা নদীর জলের গানে সর্ষে-ইলিশ সুর।

সমুদ্দুরের জলের গান গর্জনে ভৈরবী,
আছড়ে পড়া ঢেউয়ের তোড়ে দুঃসাহসী ছবি।

রাত নিশিতে টিনের চালে জলের রিনিঝিনি,
কল্পনারা হাতছানি দেয় স্বপ্ন বিকি-কিনি।

নানাবাড়ির কুয়োতলা জলের যেন আয়না,
প্রতিধ্বনি তুলে তুলে শব্দখেলার বায়না।

জলের গান, জলের স্মৃতি ভোলা কি কভু যায়?
শুনতে চাস? কান পাতি আয় জলের তলায়।

# আমার নাম জল

*শামীম আজাদ*

আমার কোন ঘর নেই
বাড়ি যে আমার সবখানেতেই
আমি নিতে পারি যে কোন আকার,
ইচ্ছেমত রকম ও প্রকার
সেঁধে যেতে পারি এক বিন্দুতে
এক পা দিয়ে লাফাতে লাফাতে
হাত আর গা এলিয়ে দিয়ে
চলে যেতে পারি এখানে ওখানে
মৌমাছি আর পাখিদের গানে
সাথে নিয়ে আমার খাঁটি পানীয়রে
বাঁচাতে সকল প্রাণী ও গাছেরে।

আমারে বোতলে করে, মানুষেরা ঘোরাফেরা করে
স্কুল, বিজনেস ও বিউটি-পার্লারে
আমারে সেঁটে ধরে, ভেন্টিলেটারের মত করে
এই প্যান্ডামিকে হাসপাতালের ঘরে।

তাই আমিই আসল, আমার নাম জল।।

# উত্তরকথন

জনজীবনের বড় বড় বিষয়গুলো নিয়ে কথা বলা বেশ কঠিন। মানবজীবনের 'জলকেন্দ্রিক' ভাবনা, সঙ্কট ও উদ্বেগের ক্ষেত্রেও তা সত্যি। সেটা মনে রেখেই জলকেন্দ্রিক সেই সব বিষয়গুলোকে এক বিন্দুতে দাঁড় করানোর একটি প্রয়াস 'জলেভাসা শব্দমালা' কাব্যসংকলনটি। আমরা অত্যন্ত আনন্দিত যে, বিশ্বের নানান প্রান্ত এবং ইংল্যান্ডের নানান জায়গা থেকে বিশজন কবি আমাদের এ প্রয়াসের সঙ্গে সংযুক্ত হয়েছেন। এই সংকলনে নানান কবিতা-ছড়ায় 'জল', 'পানি', 'ওয়াটার' - যে নামেই ডাকা হোক না কেন, সে বিষয়টির ওপরে তাঁরা তাঁদের সৃষ্টিশীলতার স্বাক্ষর রেখেছেন।

বাংলাদেশের ভৌগোলিক মানচিত্রের মতোই সে দেশের দৈনন্দিন, সামাজিক ও সাংস্কৃতিক জীবনের ওপরে জলধারা প্রবাহিত। মানুষের সঙ্গে জলের প্রভাব-বীক্ষন থেকেই এ অঞ্চলের জীবনে জলের প্রভাব বোঝা যায় - জলই তার স্হিতি এবং সেই সঙ্গে জলই তার অস্হিতি বা বিপর্যয়ের কারন। জলের সেই স্হিতি, অস্হিতি ও বিপর্যয়ের সঙ্গে একটি অর্থময় সংযোগ আমাদের সবারই কাম্য।

আজকের বাস্তবতা অবস্হা হচ্ছে যে, যদিও সারা পৃথিবীতে সামগ্রিকভাবে সমুদ্রস্তরের উচ্চতা বেড়েছে, তা সত্ত্বেও তার মূল চাপ গিয়ে পড়েছে বঙ্গীয় ব-দ্বীপ অঞ্চলে। তবুও নানান আলাপ-আলোচনায় যারা এ বিপর্যয়ের মূল শিকার, তাঁদের কণ্ঠস্বর শোনা হচ্ছে না। বর্তমান গ্রন্হভুক্ত কবিতা ও ছড়ার উদ্দেশ্য হচ্ছে, আগামী প্রজন্মকে এ বিষয়গুলো সম্পর্কে সচেতন করে তোলা। এর মাধ্যমেই তারা পরিবেশের আসন্ন বিপর্যয়গুলো নিয়ে সংলাপ শুরু করতে পারবে।

সবগুলো বিষয়কে গুছিয়ে এনে দু' মলাটের মধ্যে আবদ্ধ করার কাজটি সুনিপুনভাবে সম্পন্ন করেছেন এ গ্রন্হের সম্পাদক ও বক বক বুকস প্রকাশনার আবাসিক কবি শামীম আজাদ। তাঁর ব্যপ্ত পরিচিতি ও স্বভাবজাত সংযোগ কুশলতার কারনে অপ্রকাশিত কবি থেকে শুরু করে একাধিক প্রথিতযশা জনপ্রিয় ও খ্যাতিমান কবি আমাদের আহবানে সাড়া দিয়েছেন। এ পুরো প্রক্রিয়ায় দ্বিভাষিক কবি শামীম আজাদ বাংলা-ইংরেজী দু'ভাষার কবিতার ভাষা ও সংস্কৃতির সেতু হয়ে ছিলেন। কোভিড অতিমারীর কালে শিল্প ও জনজীবনে তিনি যে অবদান রেখেছেন, তাঁর জন্য ২০২০ সালে কবি শামীম আজাদকে বৃটেনের রাষ্ট্রীয় সংস্হা ন্যাশনাল লটারী 'কমিউনিটি আর্টিস্ট এ্যাওয়ার্ড' সম্মাননায় ভূষিত করেছে। এটা আমাদের জন্যে একটি অত্যন্ত গৌরবের বিষয় যে 'জলেভাসা শব্দমালা' তাঁর এ পর্বের সৃষ্টিশীল কাজের উল্লেখযোগ্য একটি। আমরা পারস্পরিক সহযোগিতার মাধ্যমে নিবিড়ভাবে কাজ করে সাজিয়ে তুলেছি এ কবিতার ডালি।

একই রকম উৎসাহ আর উদ্দীপনা আমরা পেয়েছি রিফাত সুলতানা তাহেরের কাছ থেকেও। তাঁর উপলব্ধ নির্দেশনায় আমরা এ গ্রন্হটির জন্যে এক অনন্য অলঙ্করণের উপায় খুঁজে পেয়েছি। অঙ্কন-ভাষার এক আন্তরিক প্রয়োগ-প্রক্রিয়ায় তিনি জলরঙে আরেক কবিতার সৃষ্টি করেছেন।

আমাদের সময়ের বিশাল এক সঙ্কট প্রতিহত করার ক্ষেত্রে উপযুক্ত শব্দমালা খুঁজে পাওয়া ছিল এক কঠিন ব্যাপার। আশা করি আমাদের এ প্রচেষ্টা থেকে আপনারাও এ বিষয় নিয়ে এ ভাবেই যৌথ ও সমন্বিতভাবে কাজ করার উৎসাহ পাবেন।

সব শেষে বিশেষ ধন্যবাদ জানাই বেক্সিমকো এবং আর্টস কাউন্সিল ইংল্যান্ডকে। এ সঙ্কলনের গুরুত্ব ও উপযোগিতা উপলব্ধি করে তাঁরা আমাদের দিকে তাঁদের সহযোগিতার হাত বাড়িয়ে আমাদের পাশে এসে দাঁড়িয়েছেন।

রুমানা ইয়াসমিন
মার্চ ২০২১

# লেখক পরিচিতি

**আনিকা ওয়ারদা তুবা** ছোটবেলা থেকেই সংবাদপত্র ও ম্যাগাজিনের জন্য লিখছেন এবং অলংকরণ করছেন। তার সাম্প্রতিক কিছু কল্পকাহিনী *রৌদ্রময়ী, মেঘ রোদ্দুর বৃষ্টি* এবং *গল্পগুলো অন্যরকমে* ছাপা হয়েছে।

**আনজীর লিটন** শিশুসাহিত্যিক, গীতিকার এবং নাট্যকার। শিশুসাহিত্যে অবদানের জন্য ২০২০ সালে তিনি বাংলা একাডেমি সাহিত্য পুরস্কার অর্জন করেন। *খাড়া দুটো শিং, মানিকের লাল কাঁকড়া, আনারসের ঢাকা সফর, গুড বয় ব্যাড বয় এবং নির্বাচিত ছড়া* সহ তার আশিরও বেশি বই প্রকাশিত হয়েছে।

**দিলারা হাফিজ** কবি, প্রাবন্ধিক এবং সাহিত্য সমালোচক। তিনি সর্বমোট ৮টি কাব্যগ্রন্থ এবং বেশ কিছু প্রবন্ধগ্রন্থ এবং স্মৃতিচারণ গ্রন্থ প্রকাশ করেছেন। সাহিত্য প্রকাশনা এবং অনলাইন কাগজপত্রে তিনি নিয়মিত লিখে যাচ্ছেন। তার কবিতার ইংরেজী অনুবাদ নানান কাব্যগ্রন্থে সংকলিত হয়েছে।

**ফারাহ্ নাজ** দ্বিভাষিক কবি। প্রথম কাব্য সংকলনের নাম *মায়া-মিরর অফ দ্য সউল*। *ব্রিটিশ বাংলাদেশী পোয়েট্রি, মনন রেখা, লন্ডন ফোক টেলস ফর চিলড্রেন গ্রন্থ* সহ যুক্তরাজ্য এবং বাংলাদেশের নানান ম্যাগাজিন ও বেশ কিছু পত্র-পত্রিকায় তার কবিতা সংকলিত হয়েছে। তিনি ব্রিটিশ বাংলাদেশী পোয়েট্রি কালেক্টিভের একজন ডাইরেক্টর।

**ফারজানা ইসলাম ভূঁইয়া** শৈশব থেকেই কবিতা লিখছেন এবং জাতীয় পত্রিকায় তার লেখা প্রকাশিত হয়েছে। তিনি বাংলাদেশের সমসাময়িক বিষয়গুলি নিয়ে লিখতে পছন্দ করেন। এখন প্রথম কাব্যগ্রন্থ প্রকাশিত হবার স্বপ্ন দেখছেন তিনি।

**হুমায়রা আলি** তিনি নিজেকে একজন লেখক এবং বাংলা সাহিত্যের একাগ্র পাঠক বলে পরিচয় দেন। ৯০ দশকের শেষ দিকে তিনি জনকণ্ঠ এবং প্রিয়জন ম্যাগাজিনের নিয়মিত ফিচার লেখক ছিলেন। সম্প্রতি সামাজিক মাধ্যমে *তবুও জীবন* নামে ধারাবাহিক লিখছেন।

**জেসমিন আরা** স্কুলজীবনেই লেখার শুরু। বাংলাদেশ এবং যুক্তরাষ্ট্রের ম্যাগাজিন ও বইয়ে নিয়মিত তার লেখা ছাপা হয়। ২০১১ তে প্রথম কবিতা সংকলন, *অরুণোদয়* সহ এ পর্যন্ত চারটি বই (দুটি কাব্যগ্রন্থ, ভ্রমণকাহিনী, গল্প সংকলন) ছাপা হয়েছে, এবং আরও দুটি প্রকাশের অপেক্ষায়।

**লিপি হালদার** ১১ বছর বয়স থেকেই লেখালেখি করছেন। তার প্রকাশনাগুলির মধ্যে রয়েছে *মেঘবালিকার কাব্য* এবং *সে আসে কাছে*। প্রকৃতি থেকে শুরু করে নারী অধিকার পর্যন্ত বিভিন্ন বিষয়ের উপর তিনি লেখেন। সাহিত্য এবং সামাজিক বিষয় নিয়ে নিয়মিত একটি লাইভ অনলাইন শো উপস্থাপনা করেন।

**লুনা রাহনুমা** ছোটবেলা থেকেই বই পড়ুয়া। লেখাপড়া শেষ হবার পর থেকেই বেশ কিছু পত্রিকায় নিয়মিত লিখে এসেছেন। বর্তমানে কবিতা, গল্প এবং অনুবাদ করছেন। প্রকাশিত কাব্যগ্রন্থ দু'টি - *ভালোবেসে এঁকে দিলাম অবহেলার মানচিত্র* ও *ফুঁ*।

**লুৎফর রহমান রিটন** তরুণ এবং শিশু সাহিত্যের একজন খ্যাতনামা ও জনপ্রিয় লেখক। তার প্রকাশিত গ্রন্থের সংখ্যা শতাধিক। তিনি মাসিক পত্রিকা *ছোটদের কাগজ* - এর সম্পাদক ও প্রকাশক ছিলেন। শিশু সাহিত্যে অবদানের জন্য ২০০৭ সালে তিনি বাংলা একাডেমি সাহিত্য পুরস্কার অর্জন করেন।

**মিলটন রহমান** একজন কবি, লেখক ও প্রাবন্ধিক। তার কবিতা প্রকাশনাগুলির মধ্যে রয়েছে *চূর্ণকাল, চূর্ণপক্ষ, ভবদীয় পাখোয়াজ, নিষঙ্গ* এবং দু'টি ছোট গল্প সংকলন। তার সম্পাদনায় বেরিয়েছে কবি শামীম আজাদের *১০০ প্রেম অপ্রেমের কবিতা*।

**মুহম্মদ নুরুল হুদা** একজন কবি ও ঔপন্যাসিক। তিনি জাতিস্বত্ত্বার কবি হিসেবে পরিচিত। তিনি একজন প্রাবন্ধিক, সাহিত্য সমালোচক, অনুবাদক এবং লোককাহিনীবিদ হিসাবেও বহুল পরিচিত। তার প্রকাশিত গ্রন্থের সংখ্যা শতাধিক, যার মধ্যে রয়েছে ৫০ টি কবিতা সংগ্রহ। ২০১৫ সালে তিনি একুশে পদক লাভ করেন।

**অপু ইসলাম** দশম শ্রেণী থেকেই কবিতা লিখছেন। তিনি ছোট গল্প ও নিবন্ধ লেখেন। বিভিন্ন বাংলা পত্র-পত্রিকায় তার লেখা প্রকাশিত হয়। তিনি ব্রিটিশ বাংলাদেশী পোয়েট্রি কালেকটিভের সদস্য।

**রায় মঞ্জু** শেফিল্ড বিশ্ববিদ্যালয়ে কবিতা এবং সৃজনশীল লেখার উপর পড়াশোনা করেছেন। তিনি গল্প বলতে, কবিতা, কল্পকাহিনী এবং গল্প লিখতে ভালবাসেন। শীঘ্রই তার প্রথম কাব্যগ্রন্থ প্রকাশিত হবে।

**সালমা হাসান** ছোটবেলা থেকেই তিনি রচনা ও কবিতা আবৃত্তি করছেন। ২০২০ সালে ছোটদের জন্য লেখা প্রথম গল্পগ্রন্থ, *বাঘের সাথে দেখা* প্রকাশিত হয়েছে। এক সময় বাংলাদেশ ও যুক্তরাজ্যের সংবাদ মাধ্যমের সঙ্গে যুক্ত ছিলেন।

**শামীম আজাদ** একজন দ্বিভাষিক কবি, অনুবাদক ও বহুমুখী লেখক। বাংলা ও ইংরেজী মিলিয়ে এ পর্যন্ত তার ৩৭ খানার মত প্রকাশনা রয়েছে। যার মধ্যে রয়েছে উপন্যাস, ছোটগল্প, কবিতা সংকলন, নাটক, প্রবন্ধ ও সম্পাদনা। তিনি ন্যাশনাল লটারি ইংল্যান্ড-এর কমিউনিটি আর্টিস্ট অ্যাওয়ার্ড এবং বাংলা একাডেমীর সৈয়দ ওয়ালিউল্লাহ পুরষ্কার অর্জন করেছেন।

**শ্বেতা রায়** তার প্রথম বই, *দ্য আনেক্সপেকটেড অ্যাডভেঞ্চারস অফ রেমি (২০১৯)*। বইটি বহুল প্রশংসা অর্জন করেছে এবং ভারতের Ne8x লিটফেস্ট ২০২০ তাকে 'বছরের সেরা লেখক' হিসেবে ভূষিত করেছে।

**স্নিগ্ধা বোস** ১০ বছর বয়সে লেখালেখি শুরু করেন। বিড়াল এবং টিকটিকি সম্পর্কে মজার কবিতা, স্বপ্ন নিয়ে প্রবন্ধ, অনুভূতি সম্পর্কে গান এবং জার্নালে তার প্রতিদিনের জীবন নিয়েই তার লেখালিখি। প্রথম বারের জন্য তার লেখা প্রকাশ পাচ্ছে এই গ্রন্থে।

**উদয় শংকর দুর্জয়** একজন কবি, প্রাবন্ধিক এবং অনুবাদক। তিনি অনেক দৈনিক পত্র-পত্রিকায় নিয়মিত লেখেন। তাঁর উল্লেখযোগ্য প্রকাশিত গ্রন্থমালা তালিকায় রয়েছে, *লিখে রাখি বিশুদ্ধ আত্মার রাত্রিদিন, ওয়েস্টার্ন অ্যাভিনিউর অরণ্যদিন, প্রবন্ধ সংগ্রহ* ইত্যাদি। তিনি ইংরেজী কবিতা ম্যাগাজিন POL (পোয়েট্রি আউট লাউড) এর সম্পাদক।

**জিনাত ওয়ালি** ৫ বছর বয়স থেকেই ছড়া লিখতে শুরু করেন। পড়াশোনার চাপে তার লেখালিখি থেমে গেলেও তিনি পড়ার অভ্যাসটি বজায় রাখেন। এখন লেখালেখিতে ফিরে এসে সোশ্যাল মিডিয়ায় নিয়মিত লিখছেন। এই বইটিতে তার প্রথম প্রকাশিত কবিতা রয়েছে।

## বক বক বুকস-এর অন্যান্য প্রকাশনাঃ

**ধবধবে ও কুচকুচে - WHITE & BLACK**

এই দ্বিভাষী বোর্ড বইয়ের চমৎকার জোরালো সাদাকালো চিত্রের মাধ্যমে ভাষার সুন্দর, সাবলীল ও আনন্দময় ছন্দ আবিষ্কার করুন।

**দেশীজ ক্রিয়েট সিরিজ - DESHIS CREATE Series**

শিল্প ও সাহিত্যের জগতে বাংলাদেশী ঐতিহ্য-উদ্ভূত ক'জন বিশিষ্ট ব্যক্তিত্বের অবদান জেনে নিন। এই সচিত্র জীবনী পর্বের প্রথম দু'টো বই হচ্ছে আকরাম খান ও রানা বেগমের ওপরে।

**সেন্সিং বাংলাদেশ: এ চিলড্রেন্স গাইডবুক টু আর্ট ফ্রম বাংলাদেশ - SENSING BANGLADESH: A Children's Guidebook to Art from Bangladesh**

কবিতার উত্তর ও পারস্পরিক কৌতূহল-জাগানিয়া সূত্রের মাধ্যমে বাংলাদেশী শিল্পীদের শিল্পকর্মের জগৎকে অন্বেষণ করুন।

**ফ্লোটিং  ওয়ার্ডস - FLOATING WORDS**

'জলেভাসা শব্দমালা'-র ইংরেজী ভাষান্তর